AF555531

DECLARATION DV ROY,

Sur la Regence de la REYNE.

Verifiée en Parlement le 21. Avril 1643.

A PARIS,
Par A. ESTIENE, & P. ROCOLET,
Imprimeurs & Libraires ordinaires du Roy.

M. DC. XLIII.
Avec Privilege de sa Maiesté.

LOVIS par la grace de Dieu, Roy de France & de Nauarre, A tous presens & à venir, Salut. Depuis nostre aduenement à la Couronne, Dieu nous a desparty si visiblement sa protection, que nous ne pouuons sans admiration considerer toutes les actions passées dans le cours de nostre regne, qui sont autant d'effets merueilleux de sa bonté. Dés son entrée, la foiblesse de nostre aage donna sujet à quelques mauuais esprits d'en troubler le repos & la tranquillité; mais cette main diuine soûtint auec tant de force nostre innocence & la justice de nostre cause, que l'on vid en mesme temps la naissance & la fin de ces pernicieux desseins, auec tant d'auantage pour nous, qu'ils ne seruirent qu'à affermir nostre puissance. Depuis, la faction de l'Heresie s'esleuãt pour former vn party dans l'Estat, qui sembloit partager nostre authorité, il s'est seruy de nous pour en abattre la puissance; & nous rendant l'instrument de sa gloire, il a permis que nous ayons remis l'exercice de la Religion, & releué ses Autels abatus, en tous les lieux où la violence de l'Heresie en auoit effacé les marques. Lors que nous auons entrepris la protection de nos Alsez, il a donné des succez si heureux à nos armes, qu'à la veuë de toute l'Europe, contre l'esperance de tout le monde, nous les auons restablis en la possession de leurs Estats. Si les plus grandes forces des ennemis communs de cette Couronne, se sont r'alliées contre nous, il a confondu leurs ambitieux desseins. Et enfin, pour faire paroistre dauantage sa bonté enuers nous, il a donné benediction à nostre mariage, par la naissance de deux enfans, lors que nous l'esperions le moins. Mais si d'vn costé Dieu nous a rendu le plus grand & le plus glorieux Prince de l'Europe, il nous a fait aussi connoistre, que les plus grāds Roys ne sont pas exempts de la condition commune à tous les hommes; Il a permis au milieu de toutes ces prosperitez, que nous ayons ressenty des effets de la foiblesse de la Nature. Et bien que les infirmitez que nous auons eu, & qui nous continüent encore, ne nous donnent pas sujet de croire que le mal soit sans remede; & qu'au contraire nous ayons par toutes les apparences, vne asseurance de recouurer vne santé entiere; neantmoins comme les éuenemens des maladies sont incertains, & que souuent les jugemens de ceux qui ont le plus d'experience sont peu asseurez, Nous auons estimé estre obligez de penser à tout ce qui seroit necessaire pour conseruer le repos & la trã-

[illegible]illité de nostre Estat, en cas que nous vinssiõs à luy manquer. Nous croyons que comme Dieu s'est seruy de nous pour faire tant de graces à cette Monarchie, qu'il desire encore cette derniere action de prudence, qui donnera la perfection à toutes les autres si nous apportons vn si bon ordre pour le gouuernement & administration de nostre Courõne, que Dieu nous appellant à luy, rien n'en puisse affoiblir la grandeur; & que dans le bas aage de nostre Successeur, le Gouuernement soit soûtenu auec la force & la vigueur, si necessaires pour maintenir l'authorité Royale; Nous croyons que c'est le seul moyen de faire perdre à nos ennemis toutes les esperances de prendre auantage de nostre perte : Et nous ne pouuons leur opposer vne plus grande force pour les obliger à vn traitté de Paix, que de faire vn si bon establissement dés nostre viuant, qu'il r'allie & reünisse toute la Maison Royale, pour conspirer auec vn mesme esprit, à maintenir l'estat present de nostre Couronne. La France a bien fait voir, qu'estant vnie, elle est inuincible, & que de son vnion dépend sa grandeur, comme sa ruïne de sa diuision. Aussi les mauuais François seront retenus de former aucunes entreprises, jugeant bien qu'elles ne reüssiront qu'à leur confusiõ, lors qu'ils verront l'authorité Royale appuyée sur de si fermes fondemens

mens, qu'elle ne pourra estre es-
branlée : Enfin nous affermirons l'vnion auec nos Alliez, qui est vne des principales forces de la France, quand ils sçauront qu'elle sera conduite par les mesmes maximes qui en ont jusques icy si heureusement & si glorieusement maintenu la grãdeur. Nos actions passées font assez juger de l'amour que nous auons eu pour la conseruation de nos Peuples, & de leur acquerir par nos trauaux vne felicité accomplie: Mais la resolution que nous prenons de porter nos pensées à l'aduenir auec l'image de nostre fin & de nostre perte, est bien vne marque plus asseurée de nostre tendre affectiõ enuers eux, puis que l'execution

de nos dernieres volõtez, produira ſes effets en vn temps où nous ne ſerons plus, & que nous n'aurons autre part en la felicité de noſtre regne qui viendra, que la ſatisfaction & le contentement que nous receurons par auance, de penſer au bon-heur de noſtre Eſtat. Or pour executer noſtre deſſein, nous auons penſé, que nous ne pouuions prendre vne voye plus aſſeurée, que celle qu'õt tenu en pareilles occaſions les Roys nos predeceſſeurs. Ces ſages Princes ont jugé auec grand' raiſon, que la Regence du Royaume, l'inſtruction & éducation des Roys mineurs, ne pouuoit eſtre depoſée plus auantageuſement, qu'en la perſonne des Meres des

Roys, qui ſont ſans doute plus intereſſées en la conſeruation de leurs persõnes & de leur Couronne, qu'aucun autre qui y pourroit eſtre appellé. A CES CAVSES, de noſtre certaine ſcience, plaine puiſſance & authorité Royale, Nous auons ordonné & ordonnons, voulõs & nous plaiſt, Qu'auenant noſtre decez auant que noſtre fils aiſné le Dauphin ſoit entré en la quatorziéme année de ſon aage, ou en cas que noſtredit fils le Dauphin decedaſt auant la majorité de noſtre ſecond fils le Duc d'Anjou, Noſtre tres-chere & tres-amée Eſpouſe & Compagne, la Reyne mere de noſdits enfans, ſoit Regente en Frãce, qu'elle ayt l'éducation & inſtruction de nosdits enfans, auec l'administration & gouuernement du Royaume, tant & si longuement que durera la minorité de celuy qui sera Roy, auec l'aduis du Conseil, & en la forme que nous ordonnerons cy-apres. Et en cas que ladite Dame Royne se trouuast apres nostre decez, & pendant sa Regence, en telle indisposition, qu'elle eust sujet d'apprehender de finir ses jours auant la majorité de nosdits enfans, Nous voulons & ordonnons qu'elle pouruoye, auec l'aduis du Conseil que nous ordonnerons cy-apres, à la Regence, Gouuernement & administration de nosdits enfans & du Royaume; Declarant dés à present, que nous confirmons la disposition qui en sera ainsi par elle faite ; & voulons qu'elle sorte son plain & entier effet comme si elle auoit esté ordõnée par nous. Et pour tesmoigner a nostre tres-cher & tres amé Frere le Duc d'Orleans, que rien n'a esté capable de diminuer l'affection que nous auons toûjours eu pour luy, Nous voulons & ordõnons qu'apres nostre decez, il soit Lieutenant general du Roy mineur, en toutes les Prouinces du Royaume, pour exercer pendant la minorité ladite Charge, sous l'authorité de ladite Dame Reyne Regente, & du Conseil que nous ordonnerons cy-apres : & ce nonobstant la Declaration registrée en nostre Cour de Parlement, qui le priue

de toute administration dans nostre Estat, à laquelle nous auon
dérogé & dérogeons par ces presentes pour ce regard. Nous nou
promettons de son bon naturel
qu'il honorera nos volontez pa
vne obeyssance entiere, & qu'i
seruira l'Estat & nos enfans, auec
la fidelité & l'affection à laquelle
sa naissance & les graces qu'il a
receuës de nous l'obligent. Declarant, qu'en cas qu'il vint à
contreuenir en quelque façon
que ce soit à l'establissement que
nous faisons par la presente Declaration, Nous voulons qu'il demeure priué de ladite Charge de
Lieutenant general; Defendant
tres-expressément, en ce cas, à tous
nos Subjets de le reconnoistre, &

e luy obeïr en cette qualité. Nous
uons tout sujet d'esperer de la
ertu, de la pieté, & de la sage
onduite de nostre tres-chere &
res-amée Espouse & Compagne,
Reyne mere de nos enfans, que
on administration sera heureuse
auantageuse à l'Estat : Mais
omme la charge de Regente est
e si grand poids, sur laquelle
epose le salut & la conseruation
ntiere du Royaume, & qu'il est
mpossible qu'elle puisse auoir la
onnoissance parfaite & si neces-
aire pour la resolution de si gran-
es & difficiles affaires, qui ne
'acquierent que par vne longue
xperience, Nous auons jugé à
ropos d'establir vn Conseil prés
'elle pour la Regence, par les

aduis duquel, & sous son authorité, les grandes & importantes
affaires de l'Estat soient resolues
suiuant la pluralite des voix. Et
pour dignemẽt composer le Corps
de ce Conseil, Nous auons estimé
que nous ne pouuions faire vn
meilleur choix pour estre Mini-
stres de l'Estat, que de nos tres-
chers & tres-amez Cousins le
Prince de Condé & le Cardinal
Mazarin, de nostre tres-cher &
feal le sieur Seguier, Chancelier de
France, Garde des Seaux & Com-
mandeur de nos Ordres; & de nos
tres-chers & bien-amez les sieurs
Bouthillier, Sur-intendant de nos
Finances & grãd Tresorier de nos
Ordres; & de Chauigny, Secretaire d'Estat & de nos Commandemens

mens. Voulons & ordonnons que noſtre tres-cher & tres-amé Frere le Duc d'Orleans, & en ſon abſence, nos tres-chers & tres-amez Couſins le Prince de Condé & Cardinal Mazarin, ſoient Chefs dudit Conſeil, ſelon l'ordre qu'ils ſont icy nommez, ſous l'authorité de ladite Dame Reyne Regente. Et comme nous croyons ne pouuoir faire vn meilleur choix, nous defendons tres-expreſſémēt d'apporter aucun changement audit Conſeil, en l'augmentant ou diminüant pour quelque cauſe & occaſion que ce ſoit: Entendant neantmoins, que vacation aduenant d'vne des places dudit Conſeil, par mort ou forfaiture, il y ſoit pourueu de telles perſonnes que ladite Dame Reyne Regente jugera digne, par l'aduis du Conseil, & la pluralité des voix, de remplir cette place. Declarons que nostre volonté est, que toutes les affaires de la Paix & de la Guerre, & autres importantes à l'Estat, mesme celles qui regarderont la disposition de nos deniers, soient deliberées audit Cõseil par la pluralité des voix: Comme aussi qu'il soit pourueu, cas eschéant, aux Charges de la Couronne, Sur-intendant des Finances, premier President, & Procureur general en nostre Cour de Parlement de Paris, des Charges de Secretaire d'Estat, Charges de la Guerre, des Gouuernemens des Places frontieres, par ladite Dame Reyne Remente, auec l'aduis dudit Conſeil, ſans lequel elle ne pourra diſpoſer d'aucune deſdites Charges. Et quant aux autres Charges, elle en diſpoſera auec la participatiõ dudit Conſeil. Et pour les Archeueſchez, Eueſchez & Abbayes eſtans en noſtre nomination, comme nous auons eu juſques à preſent un ſoin particulier qu'ils ſoient conferez à des perſonnes de merite & de pieté ſinguliere, & qui ayent eſté pendant trois ans en l'Ordre de Preſtriſe, Nous croyons apres auoir receu tant de graces de la Bonté diuine, eſtre obligez de faire en ſorte que le meſme ordre ſoit obſerué; Pour cét effet, Nous deſirons que ladite Dame Reyne Regente, mere de nos en-

fans, ſuiue au choix qu'elle fe
pour remplir les dignitez Eccleſi
ſtiques, l'exemple que nous lu
en auons donné, & qu'elle l
confere auec l'aduis de noſtre
Couſin le Cardinal Mazarin, au
quel nous auōs ſouuent fait co
noiſtre l'affection que nous au
que Dieu ſoit honoré en ce choi
Et comme il eſt obligé par la gr
de dignité qu'il a dans l'Egliſ
d'en procurer l'honneur, qui n
ſçauroit eſtre plus releué qu'en
mettant des perſonnes de pie
exemplaire, Nous nous aſſeuro
qu'il donnera de tres-fideles co
ſeils conformes à nos intention
Il nous a rendu tant de preuue
de ſa fidelité & de ſon intellige
ce au maniemēt de nos plus gran

des & plus importantes affaires, tant dedans que dehors nostre Royaume, que nous auons creu ne pouuoir confier apres nous l'execution de cét ordre, à personne qui s'en acquitast plus dignement que luy. Et dautant que pour de grandes raisons importantes au bien de nostre seruice, nous auons esté obligez de priuer le sieur de Chasteau-neuf, de la Charge de Garde des Seaux de France, & de le faire conduire en suitte au Chasteau d'Angoulesme, où il a demeuré jusques à present par nos Ordres, Nous voulons & entendons que ledit sieur de Chasteau-neuf demeure au mesme estat qu'il est de present audit Chasteau d'Angoulesme jusques apres la Paix concluë & executée : A la charge neantmoins, qu'il ne pourra estre mis lors en liberté, que par l'ordre de ladite Dame Reyne Regente, auec l'aduis dudit Conseil, qui ordonnera d'vn lieu pour sa retraitte, dans le Royaume ou hors du Royaume, ainsi qu'il sera jugé pour le mieux. Et comme nostre dessein est de preuenir tous les sujets qui pourroiēt en quelque sorte troubler le bon establissement que nous faisons pour conseruer le repos & la tranquillité de nostre Estat, la connoissance que nous auons de la mauuaise conduite de la Dame Duchesse de Chevreuse, des artifices dont elle s'est seruie jusques icy pour mettre de la diuiſion dans noſtre Royaume, les factions & les intelligences qu'elle entretient au dehors auec nos Ennemis, nous font juger à propos de luy defendre, comme nous luy defendons, l'entrée de noſtre Royaume pendãt la Guerre. Voulons meſme, qu'apres la Paix concluë & executée, elle ne puiſſe retourner dans noſtredit Royaume, que par les Ordres de ladite Dame Reyne Regente, auec l'aduis dudit Conſeil : A la charge neantmoins, qu'elle ne pourra faire ſa demeure, ny eſtre en aucun lieu proche de la Court, & de ladite Dame Reyne. Et quant aux autres de nos ſubjets, de quelque qualité & condition qu'ils ſoient, que nous auons obligez de ſortir de noſtre Royaume, par condemnation ou autrement, Nous voulons que ladite Dame Reyne Regente, ne prenne aucune reſolution pour leur retour, que par l'aduis dudit Conſeil. Voulons & ordonnons, que noſtre tres-chere & tres-amée Eſpouſe & Compagne, la Reyne mere de nos enfans, & noſtre tres-cher & tres-amé Frere le Duc d'Orleans, facent le ſerment en noſtre preſence, & des Princes de noſtre Sang, & autres Princes, Ducs, Pairs, Mareſchaux de France, & Officiers de noſtre Couronne, de garder & obſeruer le contenu en noſtre preſente Declaration, ſans y contreuenir en quelque façon & maniere que ce ſoit. SI DONNONS

EN

EN MANDEMENT à nos amez & feaux les Gens tenans nostre Cour de Parlement de Paris, que ces presentes ils ayent à faire lire, publier & registrer, pour estre punctuellement gardées & obseruées, sans qu'il y puisse estre contreuenu en quelque sorte & maniere que ce soit : Car tel est nostre plaisir. Et afin que ce soit chose ferme & stable à toûjours, Nous auons signé ces presentes de nostre propre main, & fait en suite signer par nostre tres-chere & tres-amée Espouse & Compagne, & par nostre tres-cher & tres-amé Frere le Duc d'Orleans, & des trois Secretaires d'Estat & de nos Commandemens, estans de present prés de nous, & fait mettre nostre scel. Donné à saint Germain en Laye au mois d'Avril, l'an de grace mil six cens quarante-trois, Et de nostre regne le trente-troisiéme.

Ce que dessus est ma tres-expresse & derniere volonté, que veux estre executée.

Ceçy est escrit de propre main au Roy.

Signé,

LOVIS,

ANNE,

GASTON,

A costé, *Visa*. Et plus bas, PHELIPEAVX, BOVTHILLIER, DE GVENEGAVD, Et scellées du grand sceau de cire verte, sur lacqs de soye rouge & verte : Et encor est écrit,

L*Eües, publiées, registrées ; ouy ce requerant & consentant le*

Procureur general du Roy, pour estre executées selon leur forme & teneur. A Paris en Parlement le 21. Avril mil six cens quarante-trois.

Signé, DV TILLET.

NOLI ALTVM SAPERE

www.ingramcontent.com/pod-product-compliance
Lightning Source LLC
LaVergne TN
LVHW010407240826
846091LV00020B/2822